Cambios en la Constitución

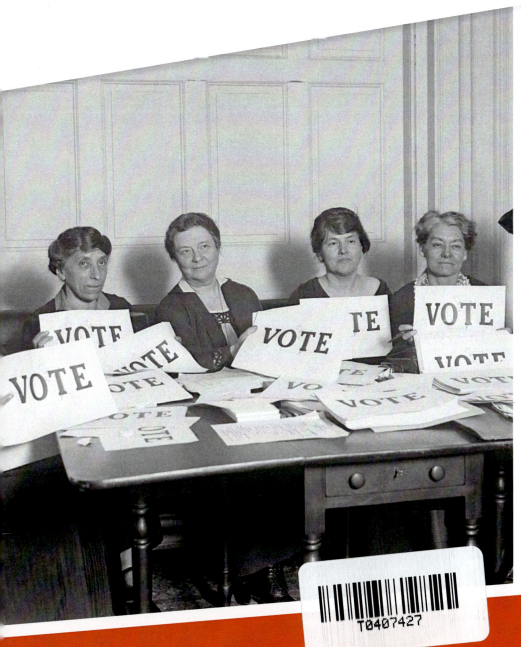

Elise Wallace

Asesores de contenido

Brian Allman, M.A.
Maestro, Virginia Occidental

Cheryl Norman Lane, M.A.Ed.
Maestra, California

Asesoras de iCivics

Emma Humphries, Ph.D.
Directora general de educación

Taylor Davis, M.T.
Directora de currículo y contenido

Natacha Scott, MAT
Directora de relaciones con los educadores

Autora de ficción: Dani Neiley

Créditos de publicación

Rachelle Cracchiolo, M.S.Ed., *Editora comercial*
Emily R. Smith, M.A.Ed., *Vicepresidenta superior de desarrollo de contenido*
Véronique Bos, *Vicepresidenta de desarrollo creativo*
Dona Herweck Rice, *Gerenta general de contenido*
Caroline Gasca, M.S.Ed., *Gerenta general de contenido*
Fabiola Sepulveda, *Diseñadora de la serie*

Créditos de imágenes: pág.4 Library of Congress [www.loc.gov/item/scsm000681]; pág.13 Getty Images/Bettmann; pág.17 Library of Congress [LC-DIG-pga-02797]; pág.18 Library of Congress [LC-USF33-020513-M2]; pág.19 Library of Congress [LC-DIG-fsa- 8a03228]; pág.21 Getty Images/Carl Iwasaki; pág.22 Library of Congress [LC-DIG-fsa-8a03228]; pág.23 Getty Images/Bettmann; pág.24 derecha National Portrait Gallery, Smithsonian Institution; pág.24 inferior National Portrait Gallery, Smithsonian Institution; todas las demás imágenes cortesía de iStock y/o Shutterstock

Library of Congress Cataloging-in-Publication Data

Names: Wallace, Elise, author.
Title: Cambios en la constitución / Elise Wallace.
Other titles: Changing the Constitution. English
Description: Huntington Beach : Teacher Created Materials, Inc., 2025. | Includes index. | Audience: Ages 9-18 | Summary: ""The United States of America is a country of change. Just take a look at the U.S. Constitution! It has been revised again and again. Many people have fought for the United States that exists today. They shaped the country through courage and action""-- Provided by publisher.
Identifiers: LCCN 2024060881 (print) | LCCN 2024060882 (ebook) | ISBN 9798330902088 (paperback) | ISBN 9798330902590 (ebook)
Subjects: LCSH: Constitutional amendments--United States--Juvenile literature. | Constitutional law--United States--Juvenile literature.
Classification: LCC KF4555 .W3513 2025 (print) | LCC KF4555 (ebook) | DDC 342.7303--dc23/eng/20250110
LC record available at https://lccn.loc.gov/2024060881
LC ebook record available at https://lccn.loc.gov/2024060882

5482 Argosy Avenue
Huntington Beach, CA 92649
www.tcmpub.com
ISBN 979-8-3309-0208-8
© 2025 Teacher Created Materials, Inc.

Tabla de contenido

Enmendar Estados Unidos 4

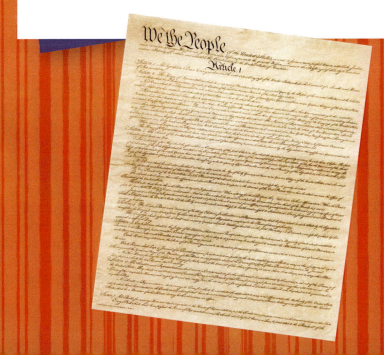 Salta a la ficción:
   Lograr un cambio 6

La lucha por la libertad 10

Derechos para todos 16

Construir el futuro de
   Estados Unidos 28

Glosario 30

Índice 31

Civismo en acción 32

Enmendar Estados Unidos

Estados Unidos de América siempre ha sido una obra en construcción. El país ha cambiado mucho a lo largo del tiempo. ¡Basta con echarle un vistazo a la **Constitución**! El documento se ha modificado una y otra vez. De hecho, se ha revisado 27 veces. Estas modificaciones se llaman **enmiendas**.

Con este documento, el Congreso propuso una enmienda a la Constitución para eliminar la esclavitud.

¿Qué hacen estas enmiendas? Les dan a las personas que viven en Estados Unidos muchas de las libertades que disfrutan hoy en día.

Les dan la libertad de hablar sin miedo. Les dan la libertad de practicar su fe como lo deseen. Les dan la libertad de prensa para que puedan escribir y publicar sus ideas y opiniones.

Las enmiendas también protegen a las personas. Prohíben los castigos crueles e inusuales. Prohíben que se alojen tropas en las casas. Impiden que el gobierno registre una vivienda sin una **orden judicial**.

Cada enmienda tiene su historia. El cambio no se produce fácilmente. La evolución del país fue posible gracias a personas valientes. Esas personas reconocieron que existían **injusticias** e hicieron algo al respecto. Lucharon para que todos, y no solo unos pocos privilegiados, tuvieran la oportunidad de alcanzar el "sueño americano".

Sin modificaciones

Una vez que una enmienda se ratifica, o se convierte en ley, no puede modificarse ni eliminarse. Para cambiar su contenido, debe ratificarse una nueva enmienda.

Salta a la ficción

Lograr un cambio

A Naomi le encantaba el primer jueves de cada mes. Su papá llevaba pizza a casa para cenar, y a las 7 p. m. iban a la asamblea pública. A Naomi le encantaba sentarse en el centro comunitario rodeada de sus vecinos. Su papá era el moderador y se encargaba de que todos pudieran hacerse oír.

Esa noche era diferente. Al frente de la sala, había una gran fotografía de Daisy Díaz, que por muchos años había sido alcaldesa de la ciudad. Naomi inclinó la cabeza hacia abajo. Recordaba haber visto la misma foto en un artículo periodístico en la tableta de su papá a comienzos de la semana. La alcaldesa había fallecido. Era una gran pérdida para su comunidad.

Naomi sabía que su papá iba a compartir una gran idea para honrar a la alcaldesa Díaz. Animó a su padre con el pulgar arriba cuando él se paró al frente de la sala para hablarle al público.

—Gracias a todos por estar aquí —dijo el papá—. Vamos a comenzar hablando sobre la alcaldesa. Ella fue una persona muy importante para nuestra comunidad e hizo cosas maravillosas por nosotros. Noté que hubo mucho revuelo en las redes sociales sobre cómo podemos honrar su legado. La idea más popular fue cambiar el nombre de la calle principal por Avenida Díaz, en su honor. Quiero oír **sus** opiniones.

El papá se sentó, y la Sra. Packard, la maestra de quinto grado de Naomi, se puso de pie.

—Mi amiga Daisy trabajó por nuestra ciudad durante 25 años —dijo—. Nos ayudó a reconstruirla después de aquel desastroso tornado. La mayoría de nuestras casas y tiendas no estarían aquí si no fuera por ella. ¡Qué gran legado nos dejó! Se merece algo más que una placa. ¡Cambiemos el nombre de la calle principal!

El Sr. Palmer, dueño del Servicio Automotor Palmer, se puso de pie enseguida y dijo:

—La alcaldesa Díaz fue muy buena para nuestra ciudad, pero piensen en lo complicado que sería hacer el cambio. Tendríamos que imprimir tarjetas comerciales y folletos nuevos. ¡Eso no es nada barato!

—Además, ¿quién actualizará todas las aplicaciones de mapas? —preguntó alguien del público. Algunas personas se rieron con disimulo.

—Recordemos las reglas para tener un debate respetuoso —intervino el papá de Naomi para calmar a la audiencia.

Durante la siguiente hora, Naomi vio cómo muchos vecinos se ponían de pie y expresaban sus opiniones. Era como ver un partido de pimpón: el ida y vuelta de la conversación era apasionante.

A Naomi le pareció que la Sra. Young era quien mejor se había expresado. Había dicho que, aunque al Sr. Palmer le costara rehacer las tarjetas, se podría organizar una recaudación de fondos para los negocios afectados por el cambio. Mientras la Sra. Young hablaba, se oían murmullos de aprobación.

—Cualquiera puede ser alcalde —continuó la Sra. Young—. Pero ¿puede cualquiera ayudar a que una ciudad prospere? ¡Cambiemos el nombre de la calle principal!

El papá de Naomi pidió que se hiciera una votación. ¡Había llegado el momento! Naomi levantó la mano. Se dio vuelta para mirar el resto de la sala y vio todas las manos levantadas. Hasta el Sr. Palmer, después de dudar un poco, levantó la mano. Naomi le sonrió a su papá.

—¡Es unánime! —exclamó él, y todos aplaudieron—. Todavía no es oficial, ya que tendremos que completar muchos papeles, pero es un comienzo.

Vuelve al texto de no ficción

La lucha por la libertad

Hoy en día, la Constitución es muy respetada. Es una parte esencial del gobierno de Estados Unidos. Pero muchos no estaban de acuerdo con su contenido cuando se redactó por primera vez. La guerra con Gran Bretaña había dejado sus cicatrices. Las personas no querían volver a someterse a un gobierno poderoso. Querían un gobierno que garantizara los derechos individuales.

la Carta de Derechos

James Madison

Un hombre llamado James Madison afirmaba que era necesario realizar modificaciones. Quería que la Constitución garantizara un gobierno limitado. También proponía añadir una lista de derechos básicos que estuvieran protegidos para todo el pueblo. Madison se convirtió en uno de los mayores impulsores de la Carta de Derechos. Como resultado de sus esfuerzos, la Carta de Derechos se añadió a la Constitución en 1791.

Lograr un cambio

Hacer cambios en la Constitución es un proceso largo. Cada modificación debe ser aprobada por dos tercios de la Cámara de Representantes. También debe ser aprobada por dos tercios del Senado. Luego, la modificación debe ser aprobada por los estados. Si tres cuartas partes de los estados aprueban el cambio, se realiza una enmienda a la Constitución.

Un hombre influyente

George Mason fue una figura clave en los inicios de Estados Unidos. Escribió una "Declaración de Derechos" para el estado de Virginia. La Carta de Derechos se inspiró en su trabajo.

Que decida la Justicia

La Carta de Derechos protege las libertades básicas. Cuando no se respeta un derecho, una persona o un grupo puede acudir a la justicia. Algunas veces, incluso puede llevar su caso a la Corte Suprema de Estados Unidos. Los jueces deciden si una acción está protegida o no por la Carta de Derechos.

Muchos casos judiciales han ayudado a definir los derechos de las personas en Estados Unidos. En 1931 se presentó el caso Near contra Minnesota en el cual un periódico había sido clausurado por expresar su desacuerdo con el gobierno local. La Corte sostuvo que el periódico no debió haber sido clausurado. Esa acción no había respetado el derecho a la libertad de prensa.

En 1940, Newton Cantwell fue arrestado en Connecticut. Había estado hablando sobre su fe con otras personas. La Corte Suprema consideró que su arresto había sido **inconstitucional**. Newton estaba **ejerciendo** su derecho a la libertad de culto.

La Carta de Derechos ha protegido a muchas personas contra el trato injusto. Estos casos judiciales son solo algunos ejemplos. Como verás, ¡la Carta de Derechos sigue siendo objeto de debate hoy en día!

el edificio de la Corte Suprema de Estados Unidos

Mary Beth Tinker y su hermano, John Tinker

Tinker contra Des Moines

En 1965, Mary Beth Tinker llevó un brazalete negro a la escuela. Ella era una adolescente de 13 años que protestaba contra la guerra de Vietnam. Tinker fue suspendida por llevar el brazalete. Tiempo después, la Corte Suprema decidió que la medida de la escuela era inconstitucional. Al llevar un brazalete negro, Tinker ejercía su derecho a la libertad de expresión.

La Carta de Derechos

La Carta de Derechos sigue siendo **relevante**. Pero la tecnología plantea nuevas preguntas todos los días. Una de esas preguntas es sobre los **bots** de internet. ¿Deberían tener libertad de expresión? Algunos opinan que sí. Otros piensan que dar libertad de expresión a los bots causará grandes problemas.

Los bots imitan la actividad humana en internet. Pueden utilizarse tanto para hacer cosas buenas como para causar daño. Se utilizan para reservar citas, promocionar productos o difundir noticias falsas. Si los bots tienen libertad de expresión, podrían escribir en forma **anónima** e incluso mentir.

Segunda Enmienda
Concede el derecho a poseer y utilizar armas en defensa propia.

Primera Enmienda
Concede la libertad de culto, de expresión y de prensa, así como la libertad de reunirse pacíficamente y peticionar al gobierno.

Tercera Enmienda
Prohíbe al gobierno alojar tropas en domicilios privados.

Cuarta Enmienda
Prohíbe al gobierno registrar una propiedad privada sin una orden judicial o el consentimiento del propietario.

Quinta Enmienda
Concede a los acusados de un delito una serie de derechos, como el derecho a guardar silencio, a ser juzgados por un mismo delito una sola vez y al debido proceso.

También han surgido nuevas preguntas sobre la Cuarta Enmienda. Esta enmienda prohíbe al gobierno registrar una propiedad privada sin una orden judicial. Hay quienes piensan que los datos telefónicos deberían incluirse en lo que se considera propiedad privada. Otros no están de acuerdo.

Mientras observas este diagrama, piensa cuál es la relevancia actual de cada enmienda.

Séptima Enmienda

Garantiza un juicio por jurado en cualquier caso en el que el valor de la propiedad supere los $20.

Sexta Enmienda

Concede el derecho a un juicio público y sin demora, a un jurado imparcial, a contar con representación legal, a poder llamar a testigos y a ser informado de los cargos.

Octava Enmienda

Prohíbe las fianzas y multas excesivas, y las penas crueles e inusuales.

Décima Enmienda

Establece que todos los poderes no otorgados al gobierno federal ni prohibidos a los estados quedan reservados a los estados o al pueblo.

Novena Enmienda

Afirma que la Constitución no menciona todos los derechos individuales y que el pueblo conserva cualquier derecho no incluido.

Derechos para todos

La Carta de Derechos garantiza derechos básicos, pero ¿para quiénes? Al principio, muchas personas no gozaban de estos derechos. Las mujeres tenían derechos limitados. Las personas esclavizadas no tenían ningún derecho. La Carta de Derechos no se aplicaba a todos.

Era necesario hacer grandes cambios. Había que proteger los derechos básicos de todas las personas, sin excepción. Realizar estos cambios no fue un proceso rápido. Llevó muchos años lograr que la Constitución defendiera a todos los **ciudadanos**. Algunos de los mayores avances hacia la **igualdad** se realizaron mediante enmiendas.

La Decimotercera Enmienda

En 1863, el presidente Abraham Lincoln cambió la historia. Declaró que todas las personas esclavizadas en los estados del Sur debían ser libres. Lincoln sabía que sus palabras tendrían impacto. Llamó a su **proclamación** "la medida central de mi gobierno".

Lincoln no podía por sí mismo poner fin a la esclavitud en el Sur. Pero sus palabras contundentes cambiarían el curso de la historia. La Decimotercera Enmienda se votó y se aprobó en 1865. Ordenaba la liberación de todas las personas esclavizadas. Esta enmienda establece que "ni la esclavitud ni la servidumbre involuntaria [...] existirán en Estados Unidos".

La Decimotercera Enmienda fue el primer paso para garantizar los derechos básicos de todos los estadounidenses. Fue un gran paso, pero quedaba mucho camino por recorrer. Llevaría muchos años lograr la igualdad para todos.

La Proclamación de Emancipación fue la base de la Decimotercera Enmienda.

La Decimocuarta Enmienda

En 1868 se aprobó la Decimocuarta Enmienda. Con ella, el país dio un paso más hacia la igualdad. La enmienda convirtió a las personas que habían estado esclavizadas en ciudadanos estadounidenses. Como ciudadanos, el país y los estados les garantizaban la igualdad de derechos.

Pero, aun después de la incorporación de la Decimocuarta Enmienda, los afroamericanos seguían siendo víctimas de maltrato. La **segregación** racial era algo habitual. En 1896, se produjo un juicio importante. Fue el caso Plessy contra Ferguson. Homer Plessy, un hombre afroamericano, se sentó en el sector exclusivo para personas blancas de un tren. Le pidieron que se cambiara de sitio. Como Plessy no se movió, fue arrestado.

Plessy no creía que debiera sentarse en un vagón distinto al de las personas blancas. Sostenía que, al obligarlo a sentarse en otro sector, no se estaban respetando sus derechos. Y la Decimocuarta Enmienda garantizaba la igualdad de derechos para los afroamericanos.

La Corte Suprema no le dio la razón a Plessy, que fue declarado culpable. Durante muchos años, la segregación siguió siendo legal.

Esta cafetería tenía puertas y asientos separados según la raza.

La segregación racial solía indicarse con carteles como este, que dice "de color".

La Ley de Vagones Separados

Plessy protestaba contra una ley injusta. Era la Ley de Vagones Separados. Establecía que las personas negras y las blancas debían tener "asientos iguales pero separados" en los trenes.

La Decimoquinta Enmienda

La Decimoquinta Enmienda se aprobó en 1870, poco tiempo después de la Decimocuarta. Esta enmienda otorgó el derecho al voto a todos los hombres. Establece que a ninguna persona se le negará el derecho a votar "por motivos de raza, color o condición anterior de servidumbre". Esto permitió que los varones afroamericanos pudieran votar por primera vez.

Brown contra la Junta de Educación

El caso Plessy contra Ferguson fue un golpe duro para el sueño de la igualdad de derechos. Durante décadas, la sentencia siguió firme y no **se revocó**. El caso que impulsó un cambio en la legislación fue el de Brown contra la Junta de Educación. Estuvo protagonizado por una niña de tercer grado llamada Linda Brown. Ella pidió entrar a una escuela exclusiva para personas blancas. La escuela no la admitió.

Su padre se unió a otros y decidió hacer algo al respecto. Junto con un grupo de afroamericanos, demandó a la junta escolar. Ellos sabían que no debía haber escuelas separadas por razas. ¡El caso llegó a la Corte Suprema! En 1954, la Corte estableció que no era justo que hubiera escuelas separadas. La segregación, al menos en las escuelas, no era legal.

Este caso dio impulso al movimiento por los derechos civiles. Cada vez más personas empezaron a protestar contra las leyes injustas. Muchos se unieron a la lucha por la igualdad.

Piensa y habla

¿Qué preguntas le harías a Brown para saber más sobre su vida?

Linda Brown frente a la escuela que fue motivo de su lucha.

Méndez contra Westminster

Felicitas y Gonzalo Méndez sabían que no estaba bien que sus hijos tuvieran que asistir a una escuela lejos de su casa porque la de su vecindario era solo para personas blancas. En 1946, los Méndez, estadounidenses de origen mexicano, iniciaron una demanda contra su distrito escolar. ¡Y la ganaron! El caso Méndez contra Westminster abrió las puertas a la creación de escuelas **integradas** en todo el país. También influyó en el caso Brown contra la Junta de Educación.

La Decimonovena Enmienda

Las mujeres lucharon mucho por el derecho al voto. Durante décadas, sus esfuerzos fueron ignorados. Para poder votar, las mujeres tuvieron que cambiar la opinión de la mayoría de los estadounidenses. Fueron el último sector de la ciudadanía en conseguir el derecho al voto en Estados Unidos.

El movimiento por los derechos de las mujeres se inició en 1848. Se convocó a una reunión especial en Nueva York. La reunión estuvo a cargo de dos oradoras talentosas: Elizabeth Cady Stanton y Lucretia Mott. El encuentro giró en torno a la igualdad. Muchas mujeres anhelaban recibir el mismo trato que los hombres. Querían hacerse oír en el trabajo y en la escuela. Querían que el gobierno las tratara con respeto. Querían tener más derechos en su propia familia.

Stanton deseaba inspirar a estas mujeres. Por eso, redactó un **manifiesto** que describía sus creencias y objetivos. Escribió: "Sostenemos como evidentes estas verdades: que todos los hombres y las mujeres son creados iguales".

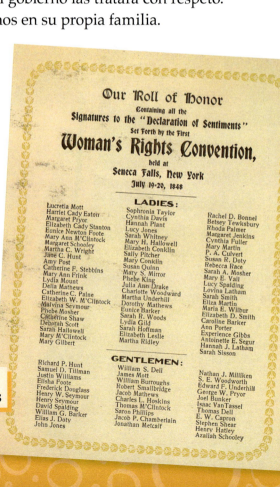

la Declaración de Sentimientos

Stanton lee la Declaración de Sentimientos.

Palabras poderosas

"Las mujeres declaramos nuestro derecho a ser libres como el hombre es libre, a ser representadas por el gobierno que debemos mantener con nuestros impuestos [...], a que leyes tan vergonzosas como las que nos quitan los salarios que ganamos, las propiedades que heredamos [...] sean eliminadas para siempre, si es posible, de nuestra legislación", pronunció Elizabeth Cady Stanton durante la lectura de la Declaración de Sentimientos en la Convención de Seneca Falls.

¿Te suena conocido el manifiesto de Stanton? Seguro que sí. Stanton hacía referencia a la Declaración de Independencia. Creía firmemente que las mujeres debían tener los mismos derechos que los hombres.

Después del encuentro en Nueva York, el movimiento por los derechos de las mujeres se hizo más fuerte. Centró sus esfuerzos en la lucha por el **sufragio**, o el derecho al voto. Las mujeres sabían que necesitaban ganar ese derecho para cambiar las leyes que eran injustas. En aquella época, ¡una mujer casada ni siquiera podía tener propiedades!

Muchas mujeres y líderes como Susan B. Anthony, Ida B. Wells y Sojourner Truth se unieron a la causa. Durante décadas, encabezaron la lucha por la igualdad de derechos. Impulsaron enmiendas que concedían a las mujeres el derecho al voto. Dos de esas enmiendas no fueron aprobadas.

No fue sino hasta 1920 que se les concedió a las mujeres el derecho al voto. Ese año, más de ocho millones de mujeres votaron por primera vez.

Las mujeres votan por primera vez.

Susan B. Anthony

Ida B. Wells

Sojourner Truth

Decisión peleada

La Decimonovena Enmienda estuvo a punto de no aprobarse. Muchos estados del Sur votaron en contra en 1920. Al final, el destino de la enmienda quedó en manos de un joven congresista llamado Harry T. Burn. Él votó a favor de los derechos de las mujeres.

Las últimas diecisiete

Desde la incorporación de la Carta de Derechos, la Constitución se ha modificado muchas veces. Acabas de conocer algunos de esos cambios: la Decimotercera, Decimocuarta, Decimoquinta y Decimonovena enmiendas. Cada una de estas cuatro enmiendas otorga derechos básicos a todas las personas, no solo a unas pocas.

En esta tabla, se muestran los cambios introducidos en la Constitución desde que se creó la Carta de Derechos. Son las últimas diecisiete enmiendas. Mientras lees sobre cada una de ellas, piensa cómo influyen hoy en tu vida y en la vida de otros estadounidenses.

Undécima Enmienda (1795)
Protege a los estados contra posibles demandas de ciudadanos de otros estados o países, y prohíbe que los tribunales federales tomen casos contra los estados.

Duodécima Enmienda (1804)
Revisa el proceso de elección presidencial.

Decimotercera Enmienda (1865)
Elimina la esclavitud.

Decimocuarta Enmienda (1868)
Prohíbe que los estados priven "a cualquier persona de la vida, la libertad o la propiedad sin el debido proceso legal"; también garantiza a todas las personas la misma protección ante la ley.

Decimoquinta Enmienda (1870)
Garantiza a todos los hombres el derecho al voto, sin importar su raza.

Decimosexta Enmienda (1913)
Permite que el gobierno federal recaude impuestos sobre los ingresos.

Decimoséptima Enmienda (1913)
Establece que cada estado tendrá dos senadores, elegidos por los habitantes de ese estado.

Decimoctava Enmienda (1919)
Establece la ilegalidad de las bebidas alcohólicas.

Decimonovena Enmienda (1920)
Concede a las mujeres el derecho al voto.

Vigésima Enmienda (1933)
Especifica las fechas de inicio y finalización de los mandatos del presidente y los congresistas.

Vigesimoprimera Enmienda (1933)
Deroga la Decimoctava Enmienda.

Vigesimosegunda Enmienda (1951)
Limita el ejercicio de la presidencia a dos mandatos o 10 años.

Vigesimotercera Enmienda (1961)
Permite votar a los ciudadanos de Washington D. C., aunque no formen parte de un estado.

Vigesimocuarta Enmienda (1964)
Prohíbe que el gobierno obligue a los votantes a pagar un impuesto electoral.

Vigesimoquinta Enmienda (1967)
Describe las reglas de sucesión presidencial.

Vigesimosexta Enmienda (1971)
Fija en 18 años la edad mínima para votar.

Vigesimoséptima Enmienda (1992)
Garantiza que ningún cambio en el salario de los congresistas entrará en vigor antes de las elecciones siguientes.

Construir el futuro de Estados Unidos

Muchas personas valientes han transformado Estados Unidos. James Madison, Homer Plessy, Elizabeth Cady Stanton, Felicitas Méndez y muchos más lucharon con firmeza para proteger los derechos de los que gozamos hoy en día. Gracias a sus esfuerzos, existen las enmiendas a la Constitución.

Para bien o para mal, Estados Unidos seguirá cambiando. El pueblo deberá decidir cómo será el país de las próximas generaciones. ¿La igualdad será un tema central en el futuro? ¿Se protegerán y se promoverán los derechos básicos de cada persona? ¿Se luchará por aquellos que reciban un trato injusto?

Todos los estadounidenses pueden participar. Todos pueden opinar sobre el futuro e involucrarse en el proceso de cambio. También pueden luchar para conservar lo que funciona y garantizar que no se pierdan los derechos adquiridos. Un buen punto de partida es ser consciente y estar bien informado.

Las enmiendas y el futuro

Piensa en Estados Unidos. ¿Crees que algún derecho se encuentra en peligro? ¿Piensas que se necesitan otras enmiendas?

Piensa y habla

¿Cómo puedes ayudar a construir el futuro del país?

Glosario

anónima: una obra que no lleva el nombre de su autor

bots: aplicaciones informáticas que ejecutan tareas automatizadas en internet mucho más rápido de lo que podría un ser humano y llegan a muchas personas a la vez

ciudadanos: personas que pertenecen legalmente a un país y gozan de sus derechos y protecciones

Constitución: el documento que reúne todas las leyes fundamentales de Estados Unidos

ejerciendo: utilizando

enmiendas: cambios en las palabras o el significado de leyes o documentos (como la Constitución)

igualdad: un principio por el que todas las personas tienen los mismos derechos

inconstitucional: no permitido por la constitución de un país

injusticias: tratos desiguales; situaciones en las que se ignoran los derechos de una persona o de un grupo

integradas: no segregadas; que permiten que todo tipo de personas participen o estén incluidas

manifiesto: una declaración escrita que describe las políticas, los objetivos y las opiniones de una persona o de un grupo

orden judicial: un documento emitido por un tribunal que otorga a la policía el poder de hacer algo

proclamación: una declaración o un anuncio oficial realizado por una autoridad o un gobierno

relevante: importante, significativo

se revocó: se decidió que una sentencia o una decisión era errónea y se la modificó

segregación: la práctica o la política de mantener separadas a las personas de diferentes razas o religiones

sufragio: el derecho a votar en una elección

Índice

Anthony, Susan B., 24–25

Brown contra la Junta de Educación, 20–21

Brown, Linda, 20–21

Burn, Harry T., 25

Cámara de Representantes, 11

Cantwell, Newton, 12

Carta de Derechos, 11–12, 14, 16, 26

Corte Suprema, 12, 18, 20

Cuarta Enmienda, 14–15

Decimocuarta Enmienda, 18, 20, 26

Decimonovena Enmienda, 22, 25–27

Decimoquinta Enmienda, 20, 26

Decimotercera Enmienda, 16–17, 26

Declaración de Independencia, 24

Ley de Vagones Separados, 19

Lincoln, Abraham, 16–17

Madison, James, 10–11, 28

Mason, George, 11

Méndez, Felicitas, 21, 28

Mott, Lucretia, 22

Near contra Minnesota, 12

orden judicial, 5, 14–15

Plessy contra Ferguson, 18, 20

Plessy, Homer, 18–20, 28

segregación, 18–20

Senado, 11

Stanton, Elizabeth Cady, 22–24, 28

sufragio, 24

Tinker, Mary Beth, 13

Civismo en acción

Todos los ciudadanos de Estados Unidos tienen derechos garantizados por la Constitución y la Carta de Derechos. Pero ¡no todos saben cuáles son! A veces, es más fácil entender tus derechos si puedes verlos en acción. Puedes representar una escena para ayudar a otros estudiantes a conocer estos derechos.

1. Selecciona un derecho de la Carta de Derechos.

2. Trabaja en grupo para inventar una situación de la vida real que se relacione con ese derecho.

3. Crea una escena teatral que represente esa situación.

4. ¡Comparte tu trabajo con estudiantes más pequeños!